JN408938

# 마음밭에 꽃이 피면

| 구종회 시집 |

도서출판 천우

______________________ 님께

성원과 격려에 감사드립니다.

Thank you for your support and encouragement.

년 월 일

______________________ 드림

## ● 시인의 말

등단한 지 3년여 만에 일상 속의 편린들을 모아 첫 시집을 내게 되어 기쁘다.

돌이켜 보면, 오랜 직장생활에서 은퇴를 계기로 시와 수필 쓰기 공부를 다시 하게 되고, 2년여 만에 월간『문학세계』신인문학상을 수상하는 기쁨을 안았다.

그러나 시기적으로 어머니 돌아가시고 일 년 뒤에 등단했으니 본격적으로 시를 쓰게 된 직접적인 동기는 어쩌면 어머니에 대한 사무친 그리움 때문이 아니었나 싶다.

나는 지나치게 형이상학적이거나 여러 번을 읽어도 이해하기 힘든 시는 그다지 좋아하지 않고 쓸 줄도 모른다. 그래서 나의 시는 일상생활 속에서 느끼고 깨닫고 체험한 것들을 일기 쓰듯 진솔하게 표현한 글들이 대부분이다.

나의 시가 비록 큰 울림을 주지는 못할지라도 독자들이 쉽게 접근할 수 있고 공감할 수 있는 정감 가는 시가 되고, 나의 시어들이 이런저런 사유로 부대끼는 삶을 살아가는 사람들에게 위로가 되고, 사랑하고 감사하는 마음을 싹 틔우며, 새로운 꿈과 희망을 가지고 용기를 내어 다시 일어설 수 있게 하는데 조금이나마 도움이 되었으면 하는 바람이다.

이 기회를 빌려, 내가 시인이 되기까지 지도편달을 아끼지 않으신 존경하는 윤제철 교수님께 깊이 감사드리며, 평소 편안한 마음으로 글을 쓸 수 있게 배려하고 격려해준 사랑하는 아내와 말썽 없이 성실히 살아가는 아이들에게 고마움을 표하고 싶다.

2023년 4월

술모산 구중회

제1부

# 마음밭에 꽃이 피면

● 시인의 말

제2부

# 사랑을 서두르자

제3부

# 그리움이 낙엽처럼

제4부

# 무지개를 찾아서

제1부

# 마음밭에 꽃이 피면

# 봄은 온다

강물이 거꾸로 흐르고
세상이 물구나무를 서도
밤하늘에 별은 빛나고
지구가 돌듯 봄은 온다

눈이 내리면 강물을 따라
강물이 얼면 바람의 날개를 타고
바람이 잠들면
여인들의 옷자락에 매달려
봄은 그렇게
살그머니 찾아온다

꽃샘추위가 설레발치고
코로나가 발목을 잡아도
꽃단장한 봄 처녀 사뿐사뿐
저기 지름길로 오시네

# 봄이 오는 소리

서리 낀 하늘빛이 눈 시리고
스치는 골바람이 아직 맵지만
대지의 기지개에
빙판 같던 산길이 눅눅해지고
조붓한 산 계곡
얼음장 밑으로 봄이 흐른다

여인의 가슴골 마냥 수줍은
검단산 계곡길을 따라
울울창창 늘어선 낙엽송이
주말 산객들을 손잡아 맞이하고
고향집 울타리에 펼쳐 놓은
명주천 같은 청자 빛 얼음이
아침 햇살에 눈부시다

요정들의 속삭임 같은
얼음 녹아 흐르는 개울물 소리가
움츠린 가슴에 활력을 불어넣고
메마른 시심에 부싯불을 댕긴다

# 꽃

꽃 앞에 서면
청혼하는 남자처럼
무릎을 꿇게 되고

꽃향기를 맡으면
흐린 정신 맑아지고
영혼마저 치유되지

꽃을 보고 있으면
닫힌 가슴 열리고
내 마음
나비 되어 난다

# 꽃이고 싶다

죽도록 사랑하면 꽃이 될까
얼마나 베풀면 꽃이 될까
오래 참으면 꽃이 될 수 있을까
어떻게 살아야 꽃이 될까
어찌하면 꽃이 될까

꽃이 된 사람들은 어떤 사람일까
그 사람들은 어떻게 살았을까
꽃이 될 수 있는 길은 있는 걸까

장미꽃이 아니어도 좋다
향기조차 없어도 나는 좋다
이름 없는 들꽃이어도 좋다
그냥 한 떨기 수수한 꽃이고 싶다

꽃으로 태어날 수 있다면
설사 연옥이라도
아무리 힘들어도
난 기꺼이 그 길을 가리라

# 당신 탓

내가 쓴 시집엔
꽃 시가
가장 많고
나의 사진첩엔
꽃 사진이
대부분이다

그 연유가 뭘까?
곰곰 생각해보니
당신 탓이다

이 세상에서
내가 가장 사랑하는 사람이
당신이고
내가 가장 좋아하는 꽃이
당신이니까

# 마음밭에 꽃이 피면

복수초 고개 들면
얼었던 산 개울물 다시 흐르고

동백꽃 붉게 피면
내 사랑도 그대 향해 봉긋봉긋

목련이 미소 띠면
그대는 기도하는 소녀가 되고

벚꽃 흐드러지면
나는 창공을 나는 제비가 되지

장미꽃 피어나면
나는 그대와 긴 입맞춤을 하고

코스모스 한들대면
우리는 여행길에 함께 오르지

마음밭에 꽃이 피면
개똥밭과 질곡도 낙원이 된다

# 세월을 거꾸로 타며

코로나의 감옥에서 벗어나
바람을 가르며 아침을 탄다
시간을 거꾸로 돌려 젊어진 기분으로
한강변을 힘차게 달린다

더 이상 얻을 것도 기대할 것도 없고
내려놓을 것뿐인 미래를 뒤로하고
야망과 패기로 꽉 찼던 과거로 간다

푸른 꿈이 봄날 제비처럼 하늘 높이 날고
밤새워 연서를 쓰며 가슴 뜨거웠던
청춘을 되새기며 신나게 달린다

심장이 고동치고 다리에 힘이 솟는다
아름다운 추억들이 살아있기에
배고픔 참고 넘은 보릿고개마저도
동화처럼 느껴지는 상쾌한 아침이다

# 개울물 소리

잔설이 겨울을 붙잡아 보지만
생기 띤 이끼가 봄기운을 내민다

산 개울 바위틈 고드름 사이로
봄 처녀의 그림자 어른거리고

얼음 녹아 흐르는 개울물 소리
아련히 들려오는 남도 봄소식

# The sound of stream water

Even though the remaining snow tries to hold on to winter,
The live mosses give off a feeling of spring.

Between the rocks and icicles in a mountain stream,
The shadow of spring maid is hanging about.

The sound of stream water made of melting ice,
It's a spring news faintly heard from Namdo.

＊Namdo = South provinces.

# 지심도

동백꽃을 보고자
동백섬*을 왔더니
동백꽃은 다 지고
동박새만 반기네

보고픈 님들은
모두 다 어디 가고
공허한 숲속에
너만 홀로 우느냐

* 동백섬 : 거제 지심도의 별칭.

# 산수유꽃

송이송이
꽃송이마다
노랑노랑
병아리들이
옹기종기
정답게 모여
하루 종일
쫑알쫑알

심심한 어미닭
후닥후닥
날갯짓으로
얘들아
나 잡아 봐라
술래잡기하는
산수유꽃

# 복사꽃

정열이 불타고 타서
쇳물처럼 끓어올라
심장은 꽃불
머릿속은 무지개 핀 천국
사랑의 화살 꽂힌 육신은
환희에 찬 신열로
옴짝달싹 못하네

만지면 손 데일 것 같고
껴안으면 터질 것 같은
분홍빛 수밀도
도연명이 홀딱 반한 절색
죽어서도
사랑할 것만 같네

# 서울의 봄

남도에서 봄바람 타고
꽃 내음 풍겨오니
겨우내 코 처박고 숨 죽였던 도시 것들
치렁대는 긴 머리 노랗게 물들이고
연분홍 파운데이션에 빨간 립스틱
가슴 열어 드러낸 도화 빛 속살
연두색 스카프에 자주색 핸드백
흰색 티셔츠에 짧은 청바지
보라색 하이힐 높이 신고 한들한들
발정 난 들개처럼 양재천과 남산공원
골목길과 강남대로 가리지 않고
사방팔방 천방지축 설치고 다닌다
내 마음도 덩달아
한 마리 종달새 되어
꽃향기로 가득찬 봄 하늘을 넘논다

# 봄이 오면

빼꾸기 울음소리 구슬퍼지고
박새들의 날갯짓 빨라질 때면
간드러진 벚꽃무리 웃음소리에
엄동설한 견디고자 딸린 자식 다 버렸던
매정한 나목(裸木)들도
허겁지겁 서둘러 새순 내미니
한평생 절개 지켜 외로이 산 소나무가
야릇한 표정으로 미소 짓는다

# 진달래꽃

새벽녘 산행 길에
불 밝힌 분홍색 등(燈)
산비탈 양지 녘에
곱게 핀 진달래꽃

매년 오는 너이건만
처음 보듯 반갑구나

겨우내 숨 죽였던
산나무 가지마다
입김처럼 서린 생기

봄 봄 봄이 왔다
강물 따라 바람 타고
새봄이 찾아왔다

# 찔레꽃이 피면

찔레꽃 향기로운
들길을 따라
걸 멍 뛰 멍 재잘대며
학교 가던
시오리 황토 길

연녹색 찔레순
하얀 꽃잎 따서 달게 먹던
철부지 어린 시절
함께 뛰놀던 그리운 동무들
지금은 어느 하늘 아래서
무얼 하며 지낼까?

아~ 그 시절
그 동무들과
다시 걷고픈 그 길
정든 고향길

# 개양귀비꽃

나라 위해 목숨 바친 청춘들의 혈흔인 양
아침 안개 짙게 깔린 북한강변 물의정원
가슴 저리게 피어난 선홍빛 개양귀비꽃

위국 충정 단심으로 피 흘리며 싸우다
꽃다운 젊은 나이에
소낙비에 동백꽃 지듯 쓰러져간 주검이여
뜨거운 체온은 아직 여기 그냥 남았는데
부둥켜안고 울고픈 자랑스러운 모습들은
찾아도 불러 봐도 보이질 않네

잊혀 가는 숭고한 희생
동족상잔의 아픈 역사
슬픔 아는 속 깊은 강물
울음 참고 먼 바다 향해 말없이 흘러서 가네

# 장미의 충고

말없이 다소곳이
언제나 그 자리에
때 되면 피었다가
철 지나 질 뿐인데
길 가는 사람들은
이러쿵저러쿵
제멋대로 말하네

내가 한창일 때는
꽃 중의 꽃이라고
드높여 칭송 터니
내 얼굴에 버섯 피고
비바람에 꽃잎 지니
본체만체하는구나

어리석고
오만한 인간들아
세상인심 이러하니
잘났다 권세 있다
돈 많다 자랑 말고
나귀*처럼 몸 낮추면
샛별처럼 빛나리

*당나귀는 겸손과 봉사의 상징.

# 백련(白蓮)을 보면

자세히 보면 상처 낼 것 같고
손대면 손자국 날 것 같고
큰 소리 내면 울 것만 같은
할머니 품에 잠든 아기 손녀

정갈하고 고운 자태
법어 같이 은은한 향기
보름달마냥 미소 짓는
당신을 닮고 싶은 내 마음

# 무궁화꽃

당신은 우리의 상징이요
수호신이며
우리를 하나 되게 하는
촉매제

당신을 보면 심장이 뛰고
당신을 노래하면 눈물이 나며
당신을 꿈꾸면 용이 된다

당신은 고귀한
자유민주주의 대한민국의
자랑스러운 국화

국민 모두가
한마음으로 숭배하고
지켜야 할
보배로운 우리의 꽃
무궁화꽃

# 꽃무릇

보고픈 그 모습 동그라니 고운 얼굴
잊으려 애를 쓰면 더욱 선명해지고
사무친 그리움이 촛불처럼 타고 타다가
가시에 찔린 풍선처럼 터져
붉은 피 산 개울을 타고 흐르고 흘러
임 찾다 쓰러진 불갑사 앞 들

사랑한단 말 한마디 차마 못하고
전전반측 밤 지새우다
찬이슬 맞으며 홀로 여기 누워 있나
천년에도 피우지 못한 사랑의 불꽃
안개 짙은 불갑사 계곡 등불이 되었네
지순한 사랑의 꽃
그 이름은 꽃무릇 상사화라네

## 잡초와 풀꽃

시련 없이 크는 풀이 어디 있으랴
내가 그 아픔을 모르기에
마구 자란 잡초라 부른다

이름 없이 피는 꽃이 어디 있으랴
내가 그 이름을 모르기에
편한 대로 풀꽃이라 부른다

어디서나 흔히 볼 수 있는
잡초와 풀꽃
누가 몰라주건 발길에 치이건
웃는 건 언제나 그들이다

잡초는 억세지만 겸손하여 좋고
풀꽃은 약해도 유연해서 예쁘다

# 가을의 천사

스쳐가는 바람조차
그냥 보내지 않고
까르르 깔깔 명랑한 웃음
반가운 몸짓으로 인사하는 넌
상쾌한 가을 하늘
잘 익은 사과 색깔을
그대로 품었구나
사랑스러운 코스모스
가을의 천사

# 서로의 꽃

향기로운 꽃은 아닐지라도
자주 보고픈 꽃이면 좋겠소
당신이 내게 귀한 꽃이듯이
나도 당신의 꽃이 되고 싶소
당신은 나의 꽃
나는 당신의 꽃
우리는
서로의 그리운 꽃이고 싶소

# 초원의 빛 초원의 길이여

가도 가도 끝없는 광활한 녹색의 바다
칭기즈칸의 후예들이 욕심 없이 살고 있는 곳
스타렉스에 몸을 싣고
4박 5일 동안 원 없이 질주한 몽골의 초원길
이름 모를 야생화가 지천으로 피어 있고
파란 하늘을 배경으로 황홀경을 연출하는 흰구름
양떼몰이 소녀들의 구릿빛 얼굴에 핀 순박한 미소가
세파에 찌든 나의 심신을 정화시켜 주는 듯

밤이면 하늘 가득 별이 빛나고
아득히 들리는 염소들의 울음소리가
게르의 적막을 깨운다
휘영청 보름달 아래 모닥불 피워 놓고
밤늦도록 옛 노래 부르고 또 불러본다
타임머신을 탄 우린
어느새 꿈 많던 10대 청춘으로 돌아가 있다

동산 너머로 수줍은 태양이 얼굴을 내밀면
초원은 금세 황금빛 비단옷으로 치장을 한다
몸 낮춰 가만히 귀 기울이면
저 멀리 칭기즈칸의 말 달리는 소리 들리고
그의 군사들이 외치는 함성이 메아리쳐 오는 듯하다
다시 보고픈 초원의 빛 다시 걷고픈 초원의 길이여
아~ 언제 또다시 가보려나 꿈같은 그 길을

# 코스모스만 꽃이더냐

임을 찾아갔더니
보자는 임은 보이질 않고
임 계시던 안방을
낯선 놈이 차지했네
이 또한 코로나 탓이렷다
필똥 말똥한 고구마 꽃이
어찌 내 임을 대신하랴

꿩 대신 닭이라고
공원 한편 화단에 핀
맨드라미, 백일홍
해바라기, 풍접초
이름 모를 여러 꽃들이
난 어때 난 어때 나는 나는
저마다의 미모를 앞다퉈 뽐내며
반가이 인사하네

코스모스가 아니면 어때
생각을 바꾸니
모든 꽃이 다 이쁘다
즐거움과 행복은
바로 내 곁에 있는 것을

# 눈 덮인 북한산을 홀로 걸으며

폭설이 내린 뒤면
앙상한 나무 가지마다
흐드러지게 피어난 살구꽃
하늘은 온통
아이들의 해맑은 미소로 가득하고
하얀 토끼털 모자를 눌러쓴
바위들의 표정은 동자승처럼 밝다

뭉치 눈 떨어지는 소리에 놀란
청설모의 발길이 분주하고
까투리 날갯짓과 장끼의 울음소리가
운무 속 산사의 정적을 깨운다

뽀드득뽀드득 눈 밟는 소리에
나의 건재함을 확인하고
누군가가 뒤밟는 듯한 느낌에
뒤돌아보면 박새가 거기 있다

간혹 칼바람이 스치곤 하지만
눈 덮인 산길이 할머니 방에 펼쳐 논
이불속처럼 따스하게 느껴지고
쌓인 눈의 무게에 힘겨워 끙끙대는
소나무의 응석이 정겹게 들린다

# 나는 못난이

가시덩굴 속에 참선하듯 숨어 앉아
아침엔 청정하고 영롱한 이슬을
낮이면 스며드는 햇살을 받아먹고
밤에는 반딧불이 등불 아래 독서를 하며
귀뚜라미 울음소리 자장가 삼아
전전반측 긴긴밤 외로움 홀로 삼키며
한가위 보름달처럼 아름차게 영글어
여름내 손길 한 번 못 받은 설움 개의치 않고
가을걷이 농부에게 환한 미소
보약 같은 먹거리를 안겨다 주는
심지 굳고 심성 좋은 호박이어라
나는 못난이

# 제2부

# 사랑을 서두르자

# 사랑의 등불

자러 가기 싫어
뒷걸음질 치는 손주처럼
연신 뒤돌아보며
꾸물대던 태양이
서산마루를 넘자
시커먼 장승같던 남산타워에
고운 빛 무지개가 뜨고
어둠살이 끼던
아파트 창문마다
하나둘 사랑의 등불이 켜지면
내 마음도 덩달아
밝은 빛으로 채워진다

# 동반자

오이 둘 참외 둘 그리고 물 한 통
차 소리 멀어지고
개 짖는 소리도 들리지 않는
아내와 함께한 산행 길
개구리 합창이 끝나는가 싶더니
어느새 목탁 소리가 마중 나온다

산신각 뒤 계곡을 타고
끊길 듯 이어지는 오솔길
물소리 산새 울음
발길 따라 종종대는 다람쥐
연녹색 나뭇잎 사이로
화살처럼 파고드는 눈부신 광채

영겁을 두고 빠르지도 느리지도
항상 그대로의 맥박으로 숨 쉬는
오른 길 되돌아와도
처음처럼 새로운 길

아픈 다리 쉬며 마주 앉은 아내와
달게 마시는 석간수
네 벌의 옷으로 일 년을 나면서도
그대는 언제나 최고의 멋쟁이

# 사랑의 우편함

우리 집 우편함에
장미꽃 향기가 나면
기다리던 님의 연서가
찔레꽃 내음 풍기면
정 담긴 엄마의 손 편지가
날 기다리고 있다

우편함이 환하게 웃는 듯하면
아들이 보낸 군사우편이다

오는 생일날
손주들이 보내올 축하엽서엔
또 어떤 새롭고
사랑스러운 것들이 담길까?
귀여운 케이크 그림일까?
앙증맞은 아기별꽃 향기가 날까
벌써부터 우편함에
눈길이 자주 간다

# 입맞춤

귀여운 손주들로부터
뽀뽀뽀 세례를 받으면
금세 십 년은
젊어지는 것 같고

홍시 같은 손주들 볼에
뽀뽀뽀를 하면
향기로운 꽃술에 입맞춤하는
한 마리 나비가 된다

# 손녀를 데려다주고

주말을 함께 보낸 손녀를
데려다주고

뒤도 보지 않고 뛰다시피
자리를 떴다

뒤돌아보면
또 안아주고 싶어
못 올 것 같아서

# 지나친 욕심일까

따스한 혈맥이 느껴지는
맞잡은 고사리 손
쳐다보는 두 눈엔
무한 신뢰감이 서려있다
"나도 할아버지 너무너무 사랑해"
진한 애정이 묻어나는
혀짜래기 말
붙잡아 두고픈 세월
언제까지 이렇게
손주들 손잡고 산책할 수 있으려나
행복이 별거더냐
지금 상태 이대로 쭈~ 욱
머물다 갔으면

# 가정이 천국이다

행복은 먼 곳에 있지 않고
바로 우리들 맘속에 있다

천국은 하늘에 있지 않고
단란한 가정이 곧 천국이다

행복한 가정의 기본은
상호 존중과 신뢰
그리고 조건 없는 사랑이다

# Home is Heaven

Happiness is not far away
It's right in our hearts.

Heaven is not in the sky
A happy family is heaven.

The basics of a happy family
are mutual trust, respect
and unconditional love.

# 태아의 절규

색안경을 꼈는지
모두 잿빛으로만 보여요
방독면을 썼나요?
숨쉬기가 힘들고 자꾸만 목이 타요
지금 사하라 사막인가요?
난 어쩌죠
더 이상 견딜 수가 없는데
어떻게 좀 해 보세요
제발요 엄마
왜 대답이 없지요?
아직 살아 있나요?

조금만 아주 조금만
더 참아줄래
맑은 공기
꽃다발 가득 실은 봄 마차가
십 리 밖 정거장을 떠났단다
사랑하는 내 아가야

*시작노트 : 황사와 미세먼지가 극심하던 2019년 4월 어느 날.

# 꾀병이면 좋겠다

손녀 온다는 소식에
좋아하는 딸기며 과자도 사고
새로 나온 동화책이며
재미난 수수께끼 책도 사고
집안 구석구석 청소해 놓고 기다리는데
갑자기 배탈이 나서 올 수 없단다

찬 우유를 잘못 먹었나
배꼽 주변이 아프다니 맹장염은 아닌지
코로나가 극성인데 열은 없는지
온갖 걱정들이 낙엽처럼 쌓인다

진단 소식 기다리는 한 시간이 하루 같다

며칠 전에 만났을 때
혼자 떨어져 자기가 무섭다던
손녀의 하소연이 생각난다
오늘도
엄마 곁에 자고픈 꾀병이면 좋겠다

# 나팔꽃

보일 듯 말 듯
산책로 수풀 속에
고개 내민
빨강 파랑 나팔꽃
숨바꼭질하는
손주 보듯 반갑다

파란색 나팔꽃은
활기차고 잘생긴 손자 같고
빨간색 나팔꽃은
정 많고 사랑스런 손녀 같다

나는 술래다
찾을까 말까

# 마침내 그가 둥지를 떠났다

떠날 생각이 그에겐 아예 없는 듯하다
그렇다고 어미만 쳐다보고 있지도 않다
먹이 잡는 실력도 보통 수준은 된다
원거리 비행도 이젠 문제없어 보인다

해 뜨면 나가 온종일 보이지 않던 그는
기다리다 지친 어미 새가 혼곤히 잠들 때면
어김없이 찾아든다 유령처럼
자신의 둥지를 트라고 채근해도
웃기만 하던 그가 갑자기 둥지를 떠났다
밀어낸대도 버틸 거라던 그가
지구 반대편으로 가는 철새들과 함께
바람처럼 사라졌다

포근하던 둥지에 찬바람이 분다
바람구멍이 생겼다 농구공 크기만 한
어미새가 훌쩍인다 보고 싶다고
아비새가 위로한다 저 갈 길을 갔다고

# 노랑 띠

할아버지 이것 받아
무언가를 가만히 쥐어준다
손을 펴 보니 건빵 한 조각이다
할아버지 할아버지 나 노랑띠 땄다
예림이 참 잘했지?
이제 발차기도 훌라후프도 잘할 수 있어
피아노 학원을 나서는 손녀가
속사포처럼 쏟아낸 자랑들이다
등에는 큼직한 유치원 가방
어깨엔 묵직한 도복 가방을 메고서

아침 9시에서 오후 4시 유치원
오후 4시에서 5시 태권도
5시에서 6시 피아노 학원
손녀의 쉴 새 없는 하루 일과다
일곱 살 여자 아이가 감당하기엔
버거운 일과임에도
태권도복 차림의 손녀는
밝고 명랑한 표정이다
대견하면서도 안쓰러운 생각이 든다

한국 어린이들의 시대적인 굴레인가
맞벌이 부부들의 사회적인 비애인가

# 사랑에 빠지면

사랑에 빠지면 그리움이 싹트고
그리움이 쌓여야 애정도 커진다

사랑에 빠지면 두 눈이 멀고
눈이 멀어야 참사랑이 보인다

사랑에 빠지면 귀가 멀고
귀가 멀어야 밀어가 들린다

사랑에 빠지면 코가 막히고
후각을 잃어야 땀내도 향기롭다

사랑에 빠지면 혀가 마비되고
미각을 잃어야 짠 음식도 달다

사랑에 빠지면 흉허물도 감싸주고
배신마저 용서해야 참사랑이다

# 심술쟁이 화가

어제는 파란색 밑바탕에
뭉게구름
오늘은 회백색 밑그림에
양떼구름

테두리 없는 널찍한 도화지에
멋대로 그림을 그리는
하나님은 화가시다

내일은 또 어떤 그림일까?
열대야에 무더위로 죽을 맛이니
심술보가 빵 터져
비구름이면 좋겠다

## 사랑을 서두르자

참사랑이란
아무런 대가를 바라지 않고
그냥 주는 사랑이다

사랑 중 으뜸은
하나님의 조건 없는 무한 사랑이요
사람들 사이에는
서로서로 주고받는 사랑이
최고의 기쁨이다

얼굴 표정으로
몸짓이나 살짝 입맞춤으로
눈빛만으로도 느낄 수 있고
나타낼 수 있는 사랑

벌 나비가 꽃을 찾는 것은
소중한 화분을 아낌없이 다 주는
꽃의 아름답고 너그러운
마음씨 때문이고

손주들이 달려와 와락 안기는 것도
할머니 할아버지의
헌신적 무조건적인 사랑을
느낌으로 알고 있기 때문이다

오늘이 이 세상 끝날인 것처럼
우리 서로 사랑하자
사랑을 서두르자

# 아버지와 아들

샛노란 금계국이 마주 오며 인사하고
새빨간 개양귀비가 살랑대며 유혹하는
아들과 함께 타는 한강변 자전거 길

엄마 아빠 손 놓치면 죽는 줄 알고
껌딱지처럼 붙어 다니던 막내가
앞서가며 수신호로 길 상태를 알려주고
뒤에 오는 늙은 아비 행여 잘못될까 봐
연신 뒤돌아보며 가다 서기를 반복하네

아들이 뒤돌아보다 행여 넘어질세라
남과 부딪칠까 봐 조바심하는 노파심

칠순의 아버지와 마흔 살 난 아들이
한마음 되어 달리는 유쾌한 자전거 길
장밋빛 저녁놀이 축복의 나래를 편다

# 바람구멍

구름에 가는 달이
우는 듯 웃는 듯
연자 빠진 꽃대마냥
숭숭 난 바람구멍
빙계 계곡 풍혈 같은
찬바람이 스친다

잊을 만하니
새로이 생겨 난 구멍 하나
버드나무 가지가
봄바람에 일렁이듯
잠자리 날갯짓에
흔들리는 내 마음

세월 가면 이 풍혈도
먼저 난 구멍처럼
사랑스러운 토끼들과
은은한 꽃향기로
가득 채워지겠지

*시작노트 : 막내가 장가 간 날 저녁 예식을 마치고 귀가하여 그의 빈 방을 들여다보며. 빙계 계곡은 의성군 가음면의 관광명소다.

# 어떤 복음(福音)

자아 어디 한번 볼까요
모니터 속 나의 폐 CT 사진들을
이리저리 뒤적인 끝에
좁쌀 크기만 한 점 하나를 찾아
크게 확대해 보인다
나는 계속 불안한 눈초리로
의사 선생님 입만 쳐다본다

잠깐의 침묵이 한참 같다

지난주에 찍은 점의 크기가
6개월 전에 찍은 거랑 차이가 없으니
이젠 걱정 않으셔도 되겠습니다
축하드립니다
아~ 이 무슨 복음인가
의사 선생님의 음성이 구세주 같다

진료실 문을 나서며
아내에게 전화를 걸었다
이제 해방되었으니 걱정 말라고
반가워하는 목소리가 구슬처럼 구른다
귀갓길 발걸음이 날아갈 듯 가볍다

## 응봉산의 7월

응봉산 올라가는 길목에 핀
잘생긴 해바라기 꽃
웃고 있는 모습이
귀요미 손자를 보는 듯하고

한강이 한눈에 내려다보이는
팔각정에 모여든 정겨운 연인들
주고받는 대화 속에
산나리 꽃향기가 묻어난다

내려오는 길가에 핀
빛깔 고운 루드베키아
미소 짓는 얼굴이
사랑스러운 손녀를 꼭 닮았다

기쁨과 행복이
내 곁에 있는 줄 모르고
오랜 세월 바보처럼
손닿지 않는 곳에서 찾아 헤맸네

# 커피 향 사랑

가을 속으로 길을 떠나요
코스모스 한들대는 언덕길을 따라
손에 손잡고 함께 걸어요

단풍 진 숲속으로 빠져 들어요
자작나무 노랗게 물든 산길 걸으며
구르몽의 낙엽 시 같이 읊어요

가다가 쉬고프면 길섶에 앉아
바람결에 흩날리는 낙엽소리 들으며
커피 향 사랑의 얘기 속삭여요

# 못난이 예찬

밤이면 수풀 사이로 별을 헤고
아침이면 이슬방울 거울삼아
매무새를 가다듬어
거칠고 어수선한 가시덤불 속에서도
보름달 같은 얼굴로
새들과 벌 나비와 친구가 되어
뜨겁고 목마른 여름날을 참고 견딘 너

늙을수록 더욱 눈부시고 기쁨 주는
넉넉하고 멋진 아내 닮은 너, 호박
기운찬 태양 에너지와
자연의 정기들을 차곡차곡 갈무리하여
은근한 맛을 지닌 주름진 네가 좋다

늦가을 찬서리에 그냥 오래 두어도
꿋꿋한 자세로 변함없이 언제나
그 맛 그대로 제자리를 지켜주는
푸근한 아내 같은 네가 나는 너무 좋다

# 코로나가 찾은 사랑

이 웬수 저 화상 하면서도
친구들과 술 먹다가 코로나 걸린 남편
삼시세끼 정성껏 차려주고
열은 없나 목과 머리는 안 아픈지
생강, 대추, 레몬 넣어 끓인 꿀차며
갖은 과일에다 커피와 녹차 방 앞에 두고
밤낮으로 보살피고 돌보더니
자신도 감염되어
콜록콜록 쉰 목소리로 힘들어하면서도
자가격리 닷새 동안 지성으로 간호하니
코로나가 도망쳤네
식은 줄만 알았던 우리의 사랑
코로나가 찾아냈네
고맙고 미안하고 죄스러운 그대여
당신의 사랑 그냥 거기 숨어 있었네

# 호박꽃

손주들이 원한다면
한 됫박 남은 양식마저 팔아
장난감을 사 줄 것 같고
어떠한 보챔과 투정도 마다하지 않고
밤새도록 앓는 한이 있어도
같이 놀아주는 할머니
아내의 모습이다

황금종처럼 생긴 호박꽃
넉넉하고 푸근함이
환하게 웃는 모습이
아내를 닮았다
해 뜨자 입 오므린 꽃잎은
틀니 뺀 어머니의 모습처럼 정겹다

활짝 핀 호박꽃엔 으레
머리를 파묻은 채 꿀을 탐닉하는
두세 마리의 벌들이 있고
여름철엔 애호박과 호박잎을
가을엔 보약 같은 호박을 선사한다
"애들아 범벅 먹자"
어머니의 목소리가 들린다

아내와 어머니 닮은 호박꽃
탐스럽고 정겨운 꽃잎 속엔
오늘도 어머니와 아내가 마주 앉아
손주들 추억담에 함께 웃고
못다 한 가슴속 얘기 주고받는다

# 내 마음의 현주소

사랑에는 이유가 없다지만
고향 집 뜰 안 같은 푸근함에다
흙먼지 속에 떨어져도 때 묻지 않을 순박함
화내기가 쑥스러운 천진성만이 아닙니다
튼실한 두 아들을 낳아 탈 없이
올바르게 잘 길러 줘서만도 아닙니다

언제나 반듯하고 객관적인 사리 판단으로
나의 부족함을 채워주는 당신은 나의 길잡이
당신을 사랑할 수밖에 없는 이유랍니다

오래전 첫 만남에서 느꼈던 감정 그대로
눈빛만으로도 서로를 느낄 수 있고
오래 기다려도 결코 지루하지 않은 행복
잠시도 허락지 않는 밀물 같은 그리움은
당신을 향한 내 마음의 현주소랍니다

# 키우는 재미

돌보지 않은 고구마와 감자만
싱싱할 뿐
정성 들인 상추와 열무는
벌레 먹어 숭숭하고
토마토며 오이는 새들새들

거름이 부족했나?
농사짓는 솜씨가 서툰 탓인가?
유기농 재배라서 그런가?

세상일 뜻대로 된다면야
그 무얼 걱정하랴
최선을 다했으니까
반성은 하되 자책은 말자

자식 농사가 그러하듯
기대에는 어긋나도
키우는 재미가 수확의 기쁨보다
훨씬 더 컸으니까

# 훈기(薰氣)

우두커니 서있는 왜가리가
외로워 보임은
홀로이기 때문이고

무리 지어 나르는 철새들이
정겹게 느껴짐은
친구들이 많아서이다

목탁소리 들리지 않는
산사가 고도처럼 쓸쓸하고

정든 이웃들이 사라진
고향이 타향처럼 낯설듯

훈기가 느껴지지 않는 세상은
동물의 왕국과 무엇이 다르랴

제3부

# 그리움이 낙엽처럼

# 친구

잊힌 듯 생각나고
끊긴 듯 이어지는
질긴 끈 같은 것
그래서 소중한
우리들의 인연
하늘이 준 선물

# 술모산의 여름

진초록 논배미엔
아기들의 미소 같은 연녹색 벼이삭이
티 없이 피어나고
줄지어 늘어선 논고랑 사이사이로
종종대는 논병아리

인정이 그리워
서둘러 마실 나온 산그림자
마을 앞 연못가엔
궁노루 한 쌍이 목을 축인다

감나무 그늘 아래 목침 베고 잠드신
할아버지 콧잔등 위로
겁 없이 맴도는 잠자리 떼

태양의 열기는 아직 그냥인데
떠나가는 여름이 못내 아쉬워
소리 높여 울어 대는 매미 소리가
심연 같은 산골마을의 정적을 깨운다

그리움처럼 고독한 정든 내 고향
술모산*의 여름

*술모산 : 고향마을의 옛 이름.

# 동무 생각

토닥토닥 토옥 톡톡
새벽잠 깨우는 소리
창문 열고 가만히 귀 기울여 보니
응봉산 개나리 꽃망울 터지는 소리

선잠 깬 햇님이 고개 내밀면
섬돌 위 강아지 기지개 켜고
병아리 떼 엄마 따라 쪼르르
지붕 위로 송골매 매암 돌면
어미닭 품속을 파고드는 귀요미들
개나리 밭에 병아리 숨바꼭질하면
새끼 잃은 어미닭 구구구 울음 운다

어린 시절
함께 뛰놀던 그리운 동무들
지금은 어디서 무얼 하는지
내 마음은 어느새 고향 길 더듬는다

# 고아가 된 심정

어머니 멀리 가시고
열흘 뒤에 맞이한
어버이날
다섯 살배기 손녀가 만들어 준
종이 꽃다발을 받아 든 아내가
기뻐서 어쩔 줄을 모른다

그러나 난 이제
어버이날이 와도
꽃 선물할 어머니가 없네

# 자동이체

해지하는 특별한 이유라도?
은행창구 여직원의 생뚱맞은 질문에
나도 몰래 터져 나온 울먹임
놀란 여직원이 당황해한다

많지 않은 돈인데도
늘 고마워하시던 어머니
천국에 돈 부칠 방법은 없는 걸까

마지막 고깃배마저 떠난
밤바다 같은 상실감이
성난 파도처럼 엄습해 온다

# 목련이 진다

고향 가는 길
고속도로 휴게소 쉼터에
흐드러지게 핀 자목련 꽃
해맑은 얼굴로
길손을 반기네

웃는 듯 우는 듯
아침 햇살에 눈부신 듯
사랑과 은혜 베푼
울 엄마 닮은 자목련 꽃

기품 있고 아름다운
고귀한 네 모습을
바람 불어 떨어진들
어이 잊으랴

# 그리움의 추(錘)

반백 년이 넘도록
기쁠 때나 힘들 때면
어김없이 떠오르던
가슴속 아버지 별

어머니 살았을 땐
언제나 가까이서 반짝이더니
어머니 별세 후론
왠지 잘 보이질 않네

맛있는 음식을 먹거나
햇과일이 나와도
예쁜 꽃을 보거나
빛깔 고운 단풍 길을 걸어도
자꾸만 자꾸만
생각나는 어머니

영원토록 멈추지 않을
그리움의 추

# 새벽달

으스스한 한기에
잠 깨어 밖을 보니
구름 낀 서편 하늘에
외로이 뜬 새벽달
각시 탈 같은 미소로
나를 반기네

서늘한 새벽 공기
밤새 찾아든 가을
열어 뒀던 창문을 닫고
밀쳐 뒀던 이불을
끌어당긴다

계절은 어김없이
가고 오건만
봄에 가신 어머니는
오시지 않고
소식조차 못 들어
그리움만 쌓이네

## 기다리는 모정

간밤에 내린 눈이 장독대 단지마다
그리움처럼 쌓인 아침
젖가슴을 파고드는 아기의 입술 같은 햇살이
살금살금 문지방을 기어든다

오늘따라 유난스러운 까치 소리
오늘은 꼭 올 거라고 했는데…
허 참, 당신은 그놈 말을 믿소?

하루가 다 가도록 기다리고 기다리다
어둠이 물안개처럼 내려앉은 산골 간이역
초조한 마음 팔짱으로 감춘 채 서성이는 모정
마침내 기다리던 막차가 들어오고
저 멀리 사람들의 그림자 어른거린다

침침한 눈 크게 뜨고 달려가 보지만
내린 사람은 이웃 마을 동장 내외뿐

집 나설 땐 가랑잎 같던 발걸음
돌아서는 발길 청솔 나무 한 짐
멀어져 가는 열차의 뒷모습에서
장성한 아들을 본다

눈 덮인 들판 위로
외로이 뜬 저녁달이 서럽도록 푸르다

# 비가 내리면

여섯 자식 힘들세라
입원한 지 열하루 만에
서둘러 눈 감으신 울 엄마
어찌 차마 잊으리오

오늘처럼 하염없이 비가 내리면
사월에 가신 엄마가 생각난다

외할머니가 싸 주신
정성 보따리 머리에 이고
등에 업힌 남동생 배고파 칭얼대고
오른손엔 다섯 살배기 여동생
왼손엔 여덟 살 난 내 손 꼭 잡고
울며 넘던 2십 리 검정고갯길
그날도 봄비는 속절없이 내렸었지

불어난 그리움의 강물을 따라
흐르고 흘러 마침내 멈추어 선
아득한 추억의 바다
그때 난
엄마가 왜 우는지 몰랐다

# 나일론 점퍼

내가 돈을 벌면
당신에게 먼저 해드리고 싶었던 건
멋있는 양복 한 벌

56년 전 고등학생이던 제가
돈을 모으는 방법이란
용돈을 아껴 쓰는 것뿐이었지요

어느 추운 겨울날
오전 수업을 마치고 귀가 길에
향촌동 양키시장을 돌고 돌아
살 수 있었던 그럴듯한 옷이란
회색 나일론 천에
스펀지를 안 댄 점퍼였지요

겨울용이라고는 하나
난전에서 산
찬바람이 무시로 통과하는
싸구려 점퍼를 받아들고
자식 키운 보람 있다시며
몇 날 며칠을 흡족해하시던 당신

읍내 장에 갈 때며 도회지 출입 시마다
추운 날씨 아랑곳 않으시고
나일론 점퍼만을 고집하시던 당신

그땐 제가 사드린 점퍼가
정말 마음에 드신 줄 알았지요

속 깊은 부정의 표시였음을 깨달은 건
지천명의 나이를 넘어서였지요

이태 뒤 마흔둘 젊은 나이에
하늘나라 별이 되신 당신이 가슴에 박혀
54년 세월 동안 어버이날이 되면
당신 계신 먼 하늘만 쳐다봤지요

# 전쟁의 상처

산 자는 영웅담을 얘기하며 울고
부상자는 상처의 고통에 울며
죽은 자는 그 가족들이 대신 운다
전쟁의 상처는
승자와 패자 모두를 울게 한다
평화를 염원하는 까닭이다
어떠한 이유로도 전쟁은 말자

# The Scars of War

The survivors cry
while telling their heroic tales.
The injured weep for pain of wounds.
Families of those who died
cry instead of the dead.
The scars of war, after all,
make both the winner and the loser cry.
That's why we long for peace.
Let's not have a war for any reason.

*시작노트 : 이 시는 한국전쟁 참전용사이신 아버지를 생각하며 지은 시다. 어렸을 때, 나는 아버지로부터 수많은 전쟁 이야기를 들었으며, 아버지는 전쟁 무용담을 이야기하실 때마다 전쟁의 참상을 이야기하시며 울먹이곤 하셨지요. 그러시던 아버지는 내가 대학에 막 입학했을 때인 42세에 일찍 돌아가셨답니다. 러시아-우크라이나 전쟁이 하루 빨리 종식되길 기도하며.

# 그리움이 낙엽처럼

뒷산 공원 산책로며
내 머리와 어깨 위에도
소리 없이 지는 낙엽

책상 위의 달력이며
아내의 귀밑머리에도
막힘없이 가는 세월

손잡고 거닐던
낙산사 솔숲이며
차 마시며 얘기하던
백운호수 가 그 찻집이
자꾸만 생각난다
보고픈 어머니 얼굴

때늦은 후회가
속절없는 그리움이
한 잎 두 잎 떨어져
낙엽처럼 쌓인다

# 무서리

진달래꽃 피어나던
춘삼월 열사흗날
겨울이 오기 전에 돌아오마
맹세하고 길 떠난 당신
입동이 지나고 무서리가 내려도
어이해 오시질 않나요

아무런 기별도 없이

당신께서 언약하신 겨울은
도대체 어느 해 겨울인지요
반백 년 세월에도
동구 밖 들길로 자꾸만 자꾸만
눈길이 갑니다

# 그립고 원망스러운 나의 아버지

새하얀 찔레꽃이 은하수처럼 피어나고
진달래꽃이 피를 토하던 춘삼월 열사흗날
하필이면 스무 살 나의 생일날 당신은 떠났지요
생일선물 대신 당신이 안겨주신
육 남매 맏이 된 죄로 걸머진 멍에
어머니 갓 마흔에 막내 여동생 여섯 살
사모제 지내고 귀가 길에
진달래꽃 꺾어 들고 환히 웃는 어린 동생들 보고
온 동네가 울음바다 되었지요
어머니의 뼈를 깎는 희생 덕분에
당신이 뿌리고 가신 씨앗들이
튼실한 나무들로 자랐지요
오늘은 당신 가신 지 쉰 한 번째 되는 날
아무도 알아주지 않는 외롭고 힘들었던 지난 세월
가시면류관이란 단어가 불현듯 떠오름은
일찍 가신 당신에 대한 원망 탓이겠지요
멋모르고 시집와 갖은 고생을 사서 한 집사람에 대한
미안함 때문이겠지요
다시 그 길을 가라 하시면 한사코 거절할 겁니다

오늘같이 당신이 오시는 날이면
당신에 대한 그리움이 쓰나미처럼 밀려와 통곡합니다
어린 시절 당신과 함께 부르던 노래들이며
밤마다 들려주시던 수많은 얘기들이 아직도
귓가에 맴을 돕니다

# 눈이 내리네

눈이 내리네
햇솜 같은 하얀 눈이
응봉산 팔각정이며
독서당공원 산책로에도
소리 없이 소복소복
그리움처럼 쌓이네

창밖에 오는 눈은
볼 수도 만질 수도 있건만
가슴속에 쌓인 눈은
보이지도 잡히지도 않네

눈아 눈아
천사의 날개 타고 오는 눈아
술모산 무검골 장등에도
펑펑 쏟아져
얇은 잔디 이불 하나로 떨고 계실
울 어매 울 아부지 산소에
두터운 솜이불이 되어주렴

# 바다는 마술사

내 마음 상태에 따라
온갖 음색의 노래와
재미난 이야기를 들려주는 바다는
음악가요 이야기꾼
날씨와 시간과 장소에 따라
갖가지 옷으로 갈아입는
변덕쟁이 카멜레온
짜증과 허물도 받아주고 감싸주는
인자한 어머니
지나친 욕심과 삐뚤어진 행동에는
가차 없이 야단치는 엄한 아버지
아~ 그립다
윤슬이 은하수처럼 반짝이는
내 고향 순호지 같은 봄 바다가

# 사랑은 그리움의 열매

고독은 간섭 없는 사색의 시간
혼자여서 사유의 깊이를 더해준다

늘 혼자라면 갈 곳 잃은 영혼
결국 자꾸만 작아지는 비극이다

사랑은 그리움을
그리움은 고독을 수반한다
그리움의 열매가 사랑이다

그리움이 쌓이거나
고독이 지나치면 별이 된다

# 소낙비

섬돌 아래 엎어 둔 바가지가
장단 맞춰 노래를 한다
난타처럼 신명 난 리듬으로
아쟁산조 같은 슬픈 곡조로

양철지붕 위에 떨어지는
우박 소리였다가
징검다리 건너는
할머니 발길보다 느린 템포로
끊어질 듯 이어지는 낙숫물 소리
휘몰아치는 비바람 소리는
주막집 아낙네의
육자배기 가락처럼 구성지다

뜰 위에서 졸다
천둥소리에 놀란 강아지가
후다닥 마루 밑으로 숨는다

소낙비는 어느새
저만치 여름을 몰고 간다

# 입동(立冬)이면

초가지붕 위로 저녁연기 하얗게 피어오르고
송아지 숨결에 입김이 묻어나면
마당 가 키 큰 감나무 가지 끝에 대롱대롱
새들이 먹다 남은 홍시는 검붉은 색으로 변하고
아늑한 술모산*에 산그늘처럼 내려앉던 매서운 한파

햇솜 두둑이 넣어 엄마가 밤새워 만든
무명 바지저고리와 벙어리장갑
아빠가 토끼털로 만든 귀마개는
혹한을 이겨낼 수 있는 사랑의 무기였다

입동이면 자동으로 떠오르는 아름다운 추억들
그 시절을 생각하면 금세 몸과 마음이 포근해지고
먼 곳에 가 계신 부모님이 더욱 그리워진다

*술모산 : 고향마을 옛 이름.

# 행당역에서

늘 생각 없이 오르내리던 행당역
발만 얹으면 스르르 소리도 없이
내려가고 올라가던 에스컬레이터
오늘 아침엔 왠지 움직이질 않네

이제야 알았네 네가 눕고 나서야
내려가는 길이 이리도 아찔하고
올라가는 길이 이토록 아득한 줄
마침내 깨달았네 너의 소중함을

언제나 웃는 얼굴 다정한 목소리
100세까진 사실 것 같던 어머니
소낙비에 동백꽃 지듯 떠나시니
회한과 그리움이 가슴에 차오르네

# 한 송이 할미꽃

큰아들 온다는 소식에
동구 밖 성황당 고갯길
느티나무 등걸에 기대앉아
마른 흙바닥 도화지에
검게 탄 부지깽이로
내 얼굴 그렸다가 지우고
또 그렸다가 지우시다
춘곤증에 못 이겨
꾸벅꾸벅 졸으셨다

그리움에 사무쳐
찾아 나선 성묫길
다소곳이 고개 숙인
엄마 닮은 한 송이 할미꽃
산소 가는 오르막길
양지바른 곳에서
십 리 밖 내 발소리
어떻게 알았을까

사십 나이에 홀로 되어
육 남매 키우시며
삶이 버겁거나 고달플 때면
망연자실 할미꽃처럼 앉아 있었지
아~ 불러도 대답 없는
그립고 보고픈 어머니

## 고향에 찾아와도

깊어 가는 가을밤
들창 너머 들려오는 귀뚜라미 울음소리
후드득후드득 알밤 떨어지는 소리에
내 마음은 어느새 단옷날 동무들과
그네 타고 씨름하던 청솔밭을 거닌다

황금 들판 한가운데 졸고 있는 허수아비
바람결에 살랑대는 코스모스
탐스레 익어가는 감과 대추
채전밭 고추가 빨갛게 물들고
김장용 무 배추가 아름차게 영그는
그리운 내 고향 술모산

아~ 산천은 그대로건만
정겹게 맞아주던 어른들은 보이질 않고
철부지 어린 시절 함께 뛰놀던 동무들은
모두 다 어디 가고
길갓집 강아지만 꼬리 치며 날 반기나

제4부

# 무지개를 찾아서

# 내가 산을 찾는 이유

말없이
늘 거기 그 높이로
서 있는 산

계절 따라
겉모습만 바뀔 뿐
심중은 항상 그대로다

자연의 섭리를 깨우치고
겸손과 포용을 가르치며
위로와 치유를 선사한다

힘들 때나
슬플 때나
괴로울 때면
언제나 난
산을 찾아 나선다

# 그런 때가 있지

살다 보면
이 세상에 나 혼자인 듯
외로울 때가 있지
누구에게나 있지

아내가 있고
자식들이 가까이 살고
한 달에 두세 번씩
얼굴 보는 친구들이 있어도
무인도에 남겨진 듯
울고플 때가 있지

잘못한 것 없는데도
냉담할 때가 있고
서글픈 생각이 들지

간단한 문자나
안부 전화 한 통
기다려지지
정 담긴 말 한마디
날아갈 듯 기쁘지

누구에게나
그런 때가 있지

# 허주(虛舟)

텅 빈 나루터에
외로운 허주
작은 가슴에
하늘을 품고
낮은 자세로
님을 기다리네

# An Empty Boat

On an empty quay
A lonely empty boat
Embracing the heavens
In her small bosom
Waiting for you to come
With a humble posture

# 봉암사 가는 길

갓 심은 벼들이
앞뒤 좌우
일정한 간격으로
나란히 팔 벌리고
체조를 하는
푸른 꿈이 무르익는
오월의 들녘

키 낮춘 태양이
신록을 살찌우고
거울 같은 논배미에
옮게 드리워진
희양산 그림자가
길 가는 나그네의
눈길을 사로잡네

일 년에 단 하루
산문이 열리는
봉암사 가는 길

# 비움

빈 항아리는
여유롭고
새로운 것들을 마음껏
채울 수 있어 좋다

달님도
속이 차면 비우고
다시 채우기에
매력이 있다
다이애나의 윙크도
그래서 가능하다

비움의 미덕을
잘 알면서도
무언가 잃는 것 같아
비우지 못하니
채우지 못한다

# 거미 소고(小考)

거미는
여덟 개의 다리를 가진 절지동물이며
머리와 가슴이 하나로 합쳐져
이성과 감성이 동시에 작동하는 괴짜다

인고의 수행을 통해 평온과 침묵,
금욕과 소식이 몸에 밴 수도사다

멍청한 듯하지만 속임수의 달인이요
기다릴 줄 알며 도망치는 먹잇감을
쏜살같이 낚아채는 영리한 사냥꾼이다

해충을 잡아먹는 살아있는 농약이며
파리 모기약이다

게으름뱅이 같지만 부지런한 도편수요
공중을 자유롭게 유영하는 우주비행사
허공에 매달려 스릴을 즐기는 곡예사다

여름날 베틀에 앉아 가난을 탄식하며
삼베 짜시던 할머니다

그래서 사람들은 거미를
귀신 잡는 사냥꾼
위대한 예술가요 건축가
달관한 수도사요 아슬아슬 곡예사
손재주 능란한 직조공이라 부른다

# 노년의 일상

자고 일어나면
하루가
한 주가
한 달이
유성처럼 흐른다

해야 할 일도
가야 할 곳도
신경 쓸 일조차 없는데
밤마다 잠을 설치고
마음은 콩을 볶는다

오늘은 또 무얼 하며 보낼까
마땅치 않다
액자 속 어머니 표정엔
걱정의 빛이 역력하다

방안 가득 밝은 빛이 들고
창 너머 새소리
사랑스러운 손주들과
친구들 얼굴이
꽃처럼 피어나며
잠자던 기력이 차츰
기지개를 켠다

# 돋보기 찾아 삼천리

큰방 작은방
거실과 부엌
화장실과 베란다까지
살피고 뒤지며
돋보기 행방 찾아
삼천 보도 더 걸었네

저녁 먹고 나서
컴퓨터로 글 쓸 땐
꼈던 것 같은데
어디에다 뒀는지
어디서 흘린 건지
아무리 생각을
더듬고 돌려 봐도
암실마냥 깜깜하고
눈밭처럼 하얗네

백내장 수술 덕에
멀리 보기는 편해도
가까운 것 볼 때는
안개 낀 밤거리네

울 스웨터 찾느라
옷장 안에 벗어 둔 걸
밤새도록 헤매었네
아~ 멀리도 가까이도
맨눈으로도 잘 보이던
그 시절이 그립구나

## 소중한 오늘

풍만하고 곱던 앞산 단풍
간밤에 스쳐간 비바람에
앙상한 갈비뼈만 남았네

떠날 날 언젠지도 모른 채
소중한 오늘을 허송하고
허망한 내일에 목을 메네

# 무지개를 찾아서

지나온 날은
다 아름답고 값진 것
내일이면
오늘이 그립다

구월 마지막 날
푸른 꿈, 희망 담은
배낭을 메고
가을로 가는 기차를 탄다

살아온 날은 보석이요
살아갈 날은 무지개다

천금 같은 오늘이다

# 멀리 보고 살자

가까이 다가가 보면
풍성하고 화려한 먼 산 단풍도
엉성하고 궁색하며
낙엽처럼 쓸쓸하다

내가 그렇고
친구들도 그렇고
우리 모두 그러한 것 같다

자세히 들여다보면
아픔 없고 고민 없는 사람
어디 있으랴
남부러워 말고
안분지족(安分知足)하며
멀리 보고 살자

# 산사의 오수(午睡)

파문처럼 언뜻언뜻 찾아드는 골바람에
춤추듯 일렁이며
쇠잔한 영혼을 깨우는 청량한 풍경소리
대웅전 처마 끝에 졸고 있던 곤줄박이가
놀란 양 포르르 숲속으로 숨는다

스님은 보이질 않고 목탁 소리마저 잠든
바닷속 같은 산사에
대나무 대롱을 타고 흐르는 한갓 물소리가
적막한 절간에 한 가닥 생기를 불어넣고
나의 마른 불심에 그윽한 향을 피운다

# 봉선사 연지(蓮池)

시월상달 어느 빛 곱던 날
단풍놀이 끝내고 귀갓길에
친구들과 함께 가본 봉선사 연지
참하던 선녀들은 간곳이 없고
일그러진 담갈색 연잎들만
멋쩍은 몸짓으로 길손을 맞네

석양빛에 취해 얼굴 붉힌
몇 안 되는 중 늙은 연잎들
애써 웃는 듯한 처연함이
겨울로 가고 있는 내 모습 같아
갖은 상념들이 머리를 들고
아픈 추억들이 되살아나네

## 쉼표와 느낌표

기지개를 켜며
눈 뜬 오늘은
축복 같은 새 인생의
첫날이다

마침표 찍는 그날까지
안한자적(安閑自適)*
쉼표로 호흡하고
느낌표를 즐겨 쓰며
주어진 하루하루
감사하며 살아야지

*안한자적(安閑自適) : 평화롭고 한가하여 마음 가는 대로 즐김.

# 애착

나의 스마트폰엔
수천 장의 사진이 잠자고 있다

언제부턴가
비우라는 경고가 계속되지만
어느 것 하나 지우지 못하고
망설이다 그냥 두고 있다

하찮은 풀꽃 사진 한 장
나름의 추억이 담긴 소중한 것들이다

어디 그뿐이랴
아내의 거듭된 권고에도
오래된 책 한 권 버리지 못하니
내 손안에 든 것 중에
쉽게 버릴 수 있는 것이
그 무엇일까?

# 용문사 가는 길

시끌벅적 용문 행 열차
형형색색의 웃음꽃이 활짝
단풍놀이 길 떠나는 여인들의
마침표 없는 대화들이 정겹다

천년 고목 용문사 은행나무
장수의 비결은 무엇일까?

욕심의 찌꺼기마저
가을태풍에 날려 보내고
추광(秋光)에 늘어나고
단단해지는 자비의 나이테

# 이까짓 거

높은 산을 오르다가
더 이상 못 가겠네
생각하면
한 발짝 떼기도 힘들어
하산하게 되고

작정하고 나선 길
끝까지 가보자
마음 다잡고 가다 보면
정상에 닿듯
긍정적 생각은
희망과 용기를
각오와 도전을 자극함은
생활 속의 지혜

삶이 우리를 속여
크게 마음 상하고
예기치 못한 시련에
눈앞이 캄캄해져도
절망하지 말자
이까짓 거 하며 웃자
웃으면 새 길이 열리고
하나님도 도와주신다

# 임진각에서

곤돌라를 타고 5분여 만에 건넌 임진강
흰 눈 덮인 강은 울다 지친
이산가족들의 70년 한처럼 얼어 있고
임진강 철교 위로 무리 지어 날으는
철새들의 느린 날갯짓과 울음소리는
자유 대한민국 수호를 위해 목숨 바친
전사자들의 길 잃은 영혼인 양 구슬프다

임진각에서 바라본 북녘 하늘은
스산하고 차갑게 느껴졌으나
강 건너 평화의 등대에서 바라본
남녘땅은 평화롭고 따스하다

가을 땡볕에 벌어지고 터진
밤송이들이 불화살이 되어 박힌 듯
온갖 탄흔들을 뒤집어쓴 채
독개다리 남단에 우뚝하니 멈춰 선
흉측한 몰골의 녹슨 철마가
동족상잔의 뼈아픈 과거를 대변하듯
녹음된 기적소리마저 심금을 울리네

임진각에서 개성까지
승용차로 30분이면 닿고도 남을
불과 22킬로 짧은 거리를
보고파도 볼 수 없고
가고파도 갈 수 없게 갈라놓은
비극의 38선이 봄눈 녹듯 사라질 날이
그 언제쯤 오려나
남북한이 다시금 하나 되어
얼싸안고 춤출 날이 한시 빨리 찾아오길
간절히 염원하고 간곡히 기도한다

*2020년 12월 25일 임진각 평화누리공원을 둘러보고 나서.

# 움츠리지 마라

삶이 힘들다고 움츠리지 마라
움츠리면 심장이 쭈그러들어
희망과 용기마저 쪼그라든다

힘들수록 가슴을 넓게 펴라
가슴을 펴면 허파가 크게 열려
힘이 솟고 투지가 살아난다

미울수록 보듬고 힘껏 껴안아라
껴안으면 서로의 온기가 느껴져
미워하던 마음이 금방 사라진다

최선을 다하고 결과에 감사하라
감사하는 마음은 기도와 같아
하늘은 스스로 돕는 자를 돕는다

욕심을 줄이고 많이 베풀어라
비우고 베풀면 마음의 그릇이 커져
영혼이 풍요롭고 행복해진다

# 힘내라 친구야

살아있어 아프고
아프니 살아있다

힘없다 생각하면
더욱 맥이 빠지고

한 가닥 실뿌리가
죽던 나무 살린다

이까짓 것 여기면
용기가 샘솟는다

친구야 파이팅!

## 희망의 불씨

밝은 빛만 좇지 말자
칠흑 같은 밤에는
바늘구멍 빛이어도 반갑다

어둡게 생각하면
청명한 날씨에도
먹구름만 보이니까

빛을 찾아 양지에 서자

끝내 찾지 못하면
마음의 등불을 켜고
나만의 빛을 만들어야지

희망의 불씨를 살리면
불모의 땅 화성에서도
꽃 피울 수 있다니까

# 환란(換亂) 속의 폭설

대형 제설기를 가동한 듯 햇솜 같은 함박눈이
웅크리고 손 비벼도 춥기만 한 우리들 가슴에
마구 쏟아져 내린다

지난 주말 북한산 원혼이 된
IMF실직 가장의 넋풀이 굿판인 양
산으로 갈거나 바다로 갈거나
내일을 기약할 수 없는 갈 곳 잃은 영혼들

질곡(桎梏)의 예시인가 구원의 손길인가
덩실덩실 너울너울 춤을 춘다

제일생명 사거리며 신사역 입구에도
창동 우리 집 앞 골목에도
휘돌고 춤추며 속절없이 내린다

*시작노트 : 1998년 12월 IMF 사태로 직장인들이 길거리로 내몰릴 상황에 처한 데다 앞이 보이지 않을 정도로 쏟아진 때 아닌 폭설이 퇴근길 직장인들의 마음을 무겁게 짓누른다.

# 가을엔 이 가을엔

손잡고 거니는
연인들의 뒷모습이 아름답게 보임은
아직도 가슴속에 뜨거운 불씨가
살아 있기 때문이다

하루가 가면 또 다른 하루가
기다리고 있기에
희망과 용기가 샘물처럼 솟아난다

어차피 가야 할 유턴 없는 좁고 먼 길
속도를 줄이고 여유롭게 길을 가자

가을엔 이 가을엔 건강 더욱 잘 챙겨
오늘에 행복 찾고 내일에 소망 담아
아낌없이 사랑하고 후회 없이 즐기리

# 빛을 찾아서

언제 어디서나 빛은 있다
멀리 있지 않고
바로 우리 곁에 있다
보이지 않는다면
찾지 못했을 뿐이다
찾아도 보이지 않는다면
좀 더 넓게 좀 더 오래
주의 깊게 찾아보라

빛은 빛만으로 존재하지 않는다
가족과 친구들, 일이나 휴식
사랑과 용서, 베풂과 봉사
믿음과 기도, 각종 취미생활 속에
숨어있는 기쁨, 재미, 즐거움,
보람 등도 참된 빛이다

생명의 원천인 빛을 찾아
양지에 서고
마음속의 집을 짓자
착하고 긍정적인 사람에겐
빛이 더욱 잘 보인다

# 시인의 사랑과 향수(鄕愁)
## — 구종회 시집 「마음밭에 꽃이 피면」 서평

윤제철(시인, 문학평론가)

### 1. 들어가는 글

시는 시를 쓴 사람이 만든 마음의 거울이다. 가슴에 지니고 사는 진실을 꾸미지 않고 있는 느낌 그대로 솔직하게 사물에 담아 묘사해낸 것이다. 구종회 시인은 『마음밭에 꽃이 피면』이라는 제목의 시집을 내려고 한 뭉치의 시를 보여주었다. 내 생각을 글로 간결하면서 운율을 가진 함축적인 표현으로 이미지를 만들어내는 시 창작의 결실은 축하해야할 반가운 일이 아닐 수 없다.

평소 바지런하고 다정다감한 구종회 시인은 왕성한 열정으로 독자들에게 정서함양에 이바지하는 시를 쓰겠다는 꿈을 실현하려 한다. 어려운 환경에서도 굴하지 않고 성실하게 의무와 책임을 헌신적으로 다한 효자이며 자상한 가장이다. 그리고 소속되어지는 모든 단체의 일원으로서도 최선을 다하려 노력하고 있다.

소년 시절부터 표현 욕구에 끌려 애착을 가졌던 것도 사실이다. 차일피일 현실에 맞추어 살면서 뒷전에 있다가 사진에 관심을 갖고 보니 더 이상 미룰 수가 없다는 판단 아래 시 창작에 불씨를 붙였다. 웬만큼 살아본 나이에 살아온 많은 체험들이 옹골차게 몰려든다.

## 2. 시인의 사랑과 향수(鄕愁)

### ① 시인의 사랑

다른 사람을 애틋하게 그리워하고 열렬히 좋아하는 마음을 탓하거나 모태 안에 태아의 태동을 듣고, 못난이를 예찬하거나 생전에 자동이체로 보내드리던 어머니 용돈, 그리고 지극히 아끼고 사랑하는 대상에 대한 애착을 통한 이미지를 선명하게 들춰내고 있다.「당신 탓」,「태아의 절규」,「못난이 예찬」,「자동이체」,「애착」은 다양한 대상을 동원하여 가슴에 사무치는 사랑을 절절하게 노래하고 있다.

내가 쓴 시집엔
꽃 시가
가장 많고
나의 사진첩엔
꽃 사진이
대부분이다

그 연유가 뭘까?
곰곰 생각해보니
당신 탓이다

이 세상에서
내가 가장 사랑하는 사람이
당신이고
내가 가장 좋아하는 꽃이
당신이니까

―「당신 탓」 전문

참새가 방앗간을 그냥 지나치지 못 한다는 말이 있다. 다른 어느 곳보다 먹이가 많은 곳이기에 출출한 배를 채우고 갈 수밖에 없다. 먹이를 얻기 위한 관심에서 비롯된다. 시를 써도 사진을 찍어도 평소에 관심을 갖고 있는 대상을 주제로 삼을 수밖에 없다.

나의 사진첩에도 꽃 사진이 대부분이다. 연유를 생각해봐도 가장 좋아하는 꽃이 당신밖에 없다는 결론이다. 꽃은 발전하거나 번영 그리고 아름답거나 성숙하여 혈기가 한창인 상태를 말한다. 여기에서는 온갖 궂은일을 마다 않고 함께 한 사랑이 묻어있다.

관심에서 밀려나지 않는 것은 신뢰와 미안함이다. 늘 우선으로 놓고 보상하고 싶은 마음을 감출 수 없어 화자는 고마움을 표현하면서도 겸연쩍기만 하다. 그러면서도 멀찌감치 뒤로 물러앉으며 구실이나 핑계로 삼아

가장 긍정적임을 강조하고 있다.

색안경을 꼈는지
모두 잿빛으로만 보여요
방독면을 썼나요?
숨쉬기가 힘들고 자꾸만 목이 타요
지금 사하라 사막인가요?
난 어쩌죠
더 이상 견딜 수가 없는데
어떻게 좀 해 보세요
제발요 엄마
왜 대답이 없지요?
아직 살아 있나요?

조금만 아주 조금만
더 참아 줄래
맑은 공기
꽃다발 가득 실은 봄 마차가
십 리 밖 정거장을 떠났단다
사랑하는 내 아가야

—「태아의 절규」 전문

모체의 태 속에서 자라고 있는 아이가 태아다. 배가 불뚝하게 나온 임신부 엄마의 몸 안에서 잿빛으로 보이는 공간에서 숨 쉬기가 힘들고 목이 탄다고 하소연하고 있다. 엄마는 알아듣기라도 한 듯 더 참아주길 바라고 있다. 봄 마차가 십 리 밖 정거장을 떠났다고 했다.

태아가 자라고 있던 그 속의 세계를 손으로 배의 겉을 만져보고 짐작을 할 뿐 들여다보지 않았다. 발로 차거나 손으로 휘젓는 태아의 움직임으로 상상 속의 세상을 그려본다. 이제는 인공위성으로 달의 뒷면을 보지만 예전엔 그저 추측으로 이럴 것이라고 주장한 꼴이다.

태아는 절규하지만 어느 정도인지는 알지 못한다. 상대적으로 태아도 바깥세상을 나와 보지 않아 궁금하다. 태어난다 하더라도 뱃속에서의 생활을 기억하지 못한다. 익숙한 세상에서 어색한 세상으로 이동하는 내면의식의 흐름이 있는 그대로 묘사하는 데 성공하고 있다.

밤이면 수풀 사이로 별을 헤고
아침이면 이슬방울 거울삼아
매무새를 가다듬어
거칠고 어수선한 가시덤불 속에서도
보름달 같은 얼굴로
새들과 벌 나비와 친구가 되어
뜨겁고 목마른 여름날을 참고 견딘 너

늙을수록 더욱 눈부시고 기쁨 주는
넉넉하고 멋진 아내 닮은 너, 호박
기운찬 태양 에너지와
자연의 정기들을 차곡차곡 갈무리하여
은근한 맛을 지닌 주름진 네가 좋다

늦가을 찬서리에 그냥 오래 두어도
꿋꿋한 자세로 변함없이 언제나
그 맛 그대로 제자리를 지켜주는
푸근한 아내 같은 네가 나는 너무 좋다

—「못난이 예찬」 전문

못나고 하는 짓이 어리석은 사람을 놀림조로 이르는 말이 못난이다. 흔히 못난 사람을 빗대어 호박이라는 별칭을 부르기도 한다. 하지만 넉넉하고 멋진 모습을 하고 푸근하게 많은 것을 주는 호박을 좋아한다. 그러나 요즘 사람들에게 외모는 절대적이다.

연예인처럼 많은 사람의 눈높이에 맞추어 시청률을 높여야 하는 경우라면 몰라도 평범한 일상생활을 하면서도 별로 다르지 않은 시각에서 못난이를 예찬한다는 것은 쉬운 일이 아니다. 속속들이 알아보고 겪어보고 나서야 비로소 진실을 인정할 수 있기 때문이다.

예상외의 대상을 관찰 대상으로 독자들로 하여금 공감대를 형성하고 감동으로 이끌어내는 예민한 감각은 만만치 않다. 어떤 대상을 밝히지 않으면서 여건이나 상태를 제시하면서 심증을 갖게 하는 비유는 사물이나 사건, 아니면 사람이라도 어색하지 않은 이미지를 만든다.

해지하는 특별한 이유라도?
은행창구 여직원의 생뚱맞은 질문에

나도 몰래 터져 나온 울먹임
놀란 여직원이 당황해한다

많지 않은 돈인데도
늘 고마워하시던 어머니
천국에 돈 부칠 방법은 없는 걸까

마지막 고깃배마저 떠난
밤바다 같은 상실감이
성난 파도처럼 엄습해 온다

—「자동이체」 전문

자동이체는 소정의 날짜에 지급인 계좌에서 예금을 자동적으로 출금하여 수취인 계좌에 대체하는 제도다. 해지한다는 것은 수취인 계좌에 대체하지 않아도 되거나 대체할 수 없을 때다. 돌아가신 어머니의 계좌이기 때문에 이유를 묻지 않기를 바라다 울먹임이 터져 나온다.

천국에 돈 부칠 생각을 하는 자식이 얼마나 될까? 그럴 수가 없어 상실감이 엄습해온다고 했다. 많지 않은 돈인데 고마워하시던 어머니가 그립다. 화자는 시 속에 벌어지고 있는 현상에서 내면의식의 흐름이나 심리상태를 꿰뚫고 절묘하면서 신비롭게 묘사하고 있다.

하나의 스토리를 도입 전개 결말로 구성하여 독자들로 하여금 공감대를 높여 감동을 이끌어내는 데 성공하고 있는 한편, 떠나간 고깃배 말고도 성난 파도를 이겨 내고 다른 배를 띄워 떠나고 싶은 기세를 꺾지 못하고 효심을 독자의 가슴 깊이 넘치도록 담아주고 있다.

나의 스마트폰엔
수천 장의 사진이 잠자고 있다

언제부턴가
비우라는 경고가 계속되지만
어느 것 하나 지우지 못하고
망설이다 그냥 두고 있다

하찮은 풀꽃 사진 한 장
나름의 추억이 담긴 소중한 것들이다

어디 그뿐이랴
아내의 거듭된 권고에도
오래된 책 한 권 버리지 못하니
내 손안에 든 것 중에
쉽게 버릴 수 있는 것이
그 무엇일까?

—「애착」 전문

애착은 어떤 대상에 몹시 끌리거나 정이 들어서 그 대상을 지극히 아끼고 사랑하는 것이다. 항상 휴대하여

촬영한 하찮은 풀꽃 사진 한 장, 나름의 추억이 다른 어떤 것보다 애착이 간다. 어디 그뿐이랴. 오래된 책 한 권도 쉽게 버리지 못하고 있다.

애착은 남다른 정성이 깃들어져 있는 대상에 대한 가치에서 비롯된다. 다시 찾아오지 않는 기회와 상황, 그리고 창작에 대한 소중함을 간직하고 싶은 마음 때문이다. 그러다 보면 하나 둘 수가 늘어나 쌓이고 묻혀서 눈에 띄지 않는다. 어디에 있는지 몰라도 아깝다.

버리면 없어지는 그동안의 흔적들이 사라지고 텅 빈 마음을 무엇으로 채울 수 있을까. 손때가 묻은 인연 때문에라도 나중에 쓸 데가 있을지 모른다는 기대감에 빠진다. 애지중지해보지만 내가 아니면 누가 그래줄까. 아무짝에도 소용없는 거추장스런 존재로 버려질 텐데.

**② 시인의 향수(鄕愁)**

타향에 있는 사람이 고향을 그리워하는 마음이나 그로 인해 생긴 시름을 꽃이나 고향, 그리고 무지개에 걸어두고 스며 나오는 정서로 절창을 읊고 있다. 「마음밭에 꽃이 피면」, 「나팔꽃」, 「고향에 찾아와도」, 「무지개를 찾아서」에서 꿈과 희망, 그리고 이별에 대한 아쉬움을 피워내고 있다.

복수초 고개 들면
얼었던 산 개울물 다시 흐르고

동백꽃 붉게 피면
내 사랑도 그대 향해 봉긋봉긋

목련이 미소 띠면
그대는 기도하는 소녀가 되고

벚꽃 흐드러지면
나는 창공을 나는 제비가 되지

장미꽃 피어나면
나는 그대와 긴 입맞춤을 하고

코스모스 한들대면
우리는 여행길에 함께 오르지

마음밭에 꽃이 피면
개똥밭과 질곡도 낙원이 된다

—「마음밭에 꽃이 피면」 전문

시의 모든 연에서 피어나는 꽃이 나름대로 제각각 의미를 지니고 있다. 마치 꽃들은 마음밭에 피는 커다란 꽃그림의 퍼즐 조각처럼 아름답게 빛을 내고 있다. 하나하나가 맡은 역할을 다하는 가운데 척박한 곳에 자란다 하더라도 신비스러운 힘을 발휘하게 된다.

봄을 알리는 복수초, 사랑을 알리는 동백꽃, 기도하

는 목련, 나는 제비 벚꽃, 긴 입맞춤 장미, 여행길에 오르는 코스모스, 함께 어우러지는 꽃으로 질곡도 낙원이 된다. 계절이 가도 꽃은 제 의미를 지니고 피어나고 그들은 모두 마음밭이라는 터전을 지니고 있다.

수많은 식물을 심기만하고 가꾸지 않으면 잡초와 농작물, 그리고 꽃들이 뒤섞여 엉키거나 말라 비틀어져 제대로 자랄 수 없다. 봄, 여름, 가을을 수놓는 자연 속에 바지런한 일군들은 오늘도 쉬지 않고 많은 요소들의 지원을 받으며 살기 좋은 터전을 만드는 데 전력을 다한다.

보일 듯 말 듯
산책로 수풀 속에
고개 내민
빨강 파랑 나팔꽃
숨바꼭질하는
손주 보듯 반갑다

파란색 나팔꽃은
활기차고 잘생긴 손자 같고
빨간색 나팔꽃은
정 많고 사랑스런 손녀 같다

나는 술래다
찾을까 말까

—「나팔꽃」 전문

산책로를 걷다가 무심코 눈이 마주친 나팔꽃은 수풀 속에 숨어 있다가 고개를 내밀어 술래에게 들키고 만 손주 같다. 잘 생긴 파란 나팔꽃 손자는 활기차고, 정 많은 빨간 나팔꽃 손녀는 사랑스럽다. 나에게 들켜버린 손자, 손녀들 못 본 척 눈감아줄까 말까.

나팔 모습을 닮아 나팔꽃들은 봐 주려고 해도 나팔소리를 내면서 아침을 여는 바람에 나한테만 들키는 것이 아니라 모두에게 앙증맞게 눈에 띄어 귀여움을 독차지 한다. 한동안 어디에 있다가 찾아왔는지 반갑기 그지없다. 귀여움을 독차지 하는 꽃 손주들이다.

얼핏 보아 눈에 잘 띄지 않는 수풀 속에 나팔꽃은 초록빛 자연의 눈처럼 마주치고 있다. 그 순간 재롱을 떨고 있는 손주로 연상되어지는 감각의 예민함은 사물을 관찰하면서 형태나 흔들림, 색깔에서 발견하는 유사성을 통하여 만만치 않은 비유에서 비롯된다.

깊어 가는 가을밤
들창 너머 들려오는 귀뚜라미 울음소리
후드득후드득 알밤 떨어지는 소리에
내 마음은 어느새 단옷날 동무들과
그네 타고 씨름하던 청솔밭을 거닌다

황금 들판 한가운데 졸고 있는 허수아비
바람결에 살랑대는 코스모스
탐스레 익어가는 감과 대추
채전밭 고추가 빨갛게 물들고

김장용 무 배추가 아름차게 영그는
그리운 내 고향 술모산

아~ 산천은 그대로건만
정겹게 맞아주던 어른들은 보이질 않고
철부지 어린 시절 함께 뛰놀던 동무들은
모두 다 어디 가고
길갓집 강아지만 꼬리 치며 날 반기나

—「고향에 찾아와도」 전문

고향은 태어나고 자란 곳이다. 어렸을 때 추억이 고스란히 묻어있는 곳이다. 그러나 너무나 오랜 세월이 야속하기만 하다. 자연은 그대로인데 머물면서 살았던 사람들은 모두 어디로 갔는지 보이지 않는다. 갈 때마다 반겨주던 집도 다른 모습으로 알아보지 못했다.

고향이 나라도 알아주면 덜 섭섭할 텐데 못 본 척 외면하는 모습이 마음에 썩 달갑지 않다. 그런데도 고향을 다녀와서 마음속에는 유년의 기억을 지우지 못하고 다시 펼쳐놓고 옛 그대로를 떠올리는 버릇을 버리지 못한다. 추억은 현실을 넘어 진하고 질기다.

누구보다도 애향심이 가슴 가득한 화자는 자신을 자라게 한 고향의 술모산을 호(號)로 쓰고 있다. 온갖 희로애락을 피부로 감내했던 기억을 단 하루도 떨칠 수 없었을 것이다. 고향은 흔들리지 않는 마음의 중심으로 자리매김 되었건만 어디로 갔는지 허전하기만 하다.

지나온 날은
다 아름답고 값진 것
내일이면
오늘이 그립다

구월 마지막 날
푸른 꿈, 희망 담은
배낭을 메고
가을로 가는 기차를 탄다

살아온 날은 보석이요
살아갈 날은 무지개다

천금 같은 오늘이다

—「무지개를 찾아서」 전문

오늘은 지나온 날들이 뿌려놓은 거름으로 새롭게 만들고 있다. 오늘을 더 소중하게 생각하고 지나온 날은 아무 소용이 없다고 하지만 다시 돌아갈 수 없는 그날이 아름답다. 한 번도 가본 적 없는 미래를 가는 일도 꿈과 희망을 무지개에 걸어놓고 찾아 나선다.

구월 마지막 날 가을로 가는 열차를 배낭을 메고 탄다고 했다. 봄이 3월부터라면 여름이 8월까지지만 무지개가 주로 끼는 여름을 보다 더 오래 보내고 싶어서였을 것이다. 우리는 오늘을 살고 있다. 오늘은 어제의 내일이었다. 오늘이 지나면 내일이 된다.

내일로 가도 우리는 오늘을 산다. 아무리 힘들고 어려운 날일지라도 지내고나면 대수롭지 않았음을 깨닫는다. 시간이 해결해준다는 말도 같은 맥락임을 보여준다. 그리고 아름다운 추억으로 남는다. 우리가 찾아 나서는 꿈을 무지개의 일곱 가지 색깔에서 찾는다.

## 3. 나오는 글

사물을 대하는 감각이 예민한 것은 하나하나 관찰을 통하여 떠오르는 느낌을 그때마다 메모를 해온 덕분이다. 그러한 정신집중은 평소 꽃이나 자연 풍경을 만나는 계기가 된 출사로 다져졌다. 무엇을 어떻게 표현할 것인가를 위하여 시 창작에 입문하였는지도 모른다.

사물이 들려주는 목소리를 듣기 위하여 사물의 입에 귀를 기울여 듣고 나서 하고 싶은 말을 사물에게 대신 이야기하도록 시도하는 작업이다. 코로나로 출장을 자제하고 CT & M Consulting 대표로서 비대면 영상회의를 주재하는 일로 눈코 뜰 새가 없지만 시 창작을 위한 열정은 남다르다. 시간은 있고 없는 것이 아니라 만든다면서 쪼개 쓰고 있다.

구종회 시인의 시를 읽다보면 꽃이나 자연에 비유된 아내와 자녀, 그리고 손주에 대한 사랑이 가득 담겨 있을 만큼 가정적이다. 또한 다양한 삶의 체험과 그 체험에서 우러나는 생각과 느낀 점들을 내포와 함축적인 시

어와 비유 그리고 상징의 기법으로 묘사하고 있다.

시에서 정서와 사상을 표현하기 위하여 사물, 정황, 사건에 이르는 객관적 상관물에 가까이 하면서 넓은 시야와 깊은 사고력을 향상시키고, 아름다움을 발견하기 위해 몰두하는 모습이 눈앞에 선하다. 첫 시집 발간을 축하드리고 많은 독자들로부터 사랑받는 책으로 남길 바라며 앞으로 창작되어지는 작품에 대하여 주목하고자 한다.

문학세계대표작가선 987

# 마음밭에 꽃이 피면

구종회 시집

인쇄 1판 1쇄 2023년 4월 14일
발행 1판 1쇄 2023년 4월 21일

지 은 이 : 구종회
펴 낸 이 : 김천우
펴 낸 곳 : 도서출판 천우
등 록 : 1992. 2. 15. 제1-1307호
주 소 : 서울시 성동구 무학봉28길 6 금용빌딩 2F
전 화 : 02)2298-7661
팩 스 : 02)2298-7665
http://blog.naver.com/cw7661
E-mail : cw7661@naver.com



값 15,000원



ISBN 978-89-7954-894-5